지구를 살리는 그림책

앨리슨 인치스 미국 코네티컷대학을 졸업한 뒤, 대형 출판사 〈사이먼&슈스터〉의 아동도서 편집자와 미디어 제작사 〈짐 헨슨 컴퍼니〉의 편집장으로 일하다가, 아동문학 작가로 본격적인 활동을 시작했다. 플라스틱 병의 재활용 과정을 재미있고 친근하게 그린 환경 그림책 『플라스틱 병의 모험』을 비롯해 『나는 지구를 구할 수 있어요!』, 『알루미늄 캔의 모험』 등 80여 권의 책을 펴냈다.

피트 화이트헤드 〈맥도날드〉에서 일하다가 냉동 패티를 재미난 모양으로 그릴에 올리거나 인상적인 손님들을 스케치하는 데 흥미를 느끼면서 직장을 그만두었다. 미국 로드아일랜드대학을 졸업한 뒤 20년째 일러스트레이터이자 만화영화 제작가로 활동하고 있다. 그린 책으로 『플라스틱 병의 모험』, 『알루미늄 캔의 모험』 등이 있다.

마술연필 어린이와 청소년을 위해 유익하고 감동적인 글을 쓰는 아동청소년문학 기획팀으로 다양한 책들을 꾸준히 펴내고 있다. 그중 『우리 조상들은 얼마나 책을 좋아했을까?』는 초등학교 『국어』 교과서에, 『1학년 전래동화』는 교사용 지도서에 각각 실렸다. 지은 책으로 『어린이와 청소년을 위한 독도 백과사전』 『우리 땅의 생명이 들려주는 이야기』, 옮긴 책으로 『재미있는 내 얼굴』 『화가 날 땐 어떡하지?』 『달케이크』 『우리들의 작은 땅』 『깡충거미는 점프 선수야』 등이 있다.

〈지구를 살리는 그림책〉 함께 읽어 보세요!

❶ 지구를 살리는 위대한 지렁이 ❷ 아마존 열대 우림의 속삭임 ❸ 지구 생태계의 왕 딱정벌레
❹ 플라스틱 병의 모험 ❺ 빙빙빙 지구 소용돌이의 비밀 ❻ 지구의 파란 심장 바다
❼ 멸종하게 내버려 두면 안 돼 ❽ 알루미늄 캔의 모험 ❾ 그레타 툰베리, 세상을 바꾸다
❿ 지구 지킴이 레이첼 카슨 ⓫ 모두모두 함께라서 좋아 ⓬ 넌 할 수 있을 거야
⓭ 플라스틱 빨대가 문제야 ⓮ 북극곰 살아남다 ⓯ 지구 최고의 수영 선수 바다거북
⓰ 궁금해 거북이 궁금해 ⓱ 우리들의 작은 땅 ⓲ 깡충거미는 점프 선수야

지구를 살리는 그림책 4
플라스틱 병의 모험 – 재활용이란 무엇일까?

펴낸날 초판 1쇄 2018년 5월 30일 | 초판 3쇄 2025년 11월 30일
지은이 앨리슨 인치스 | **그린이** 피트 화이트헤드 | **옮긴이** 마술연필 | **펴낸이** 신형건 | **펴낸곳** (주)푸른책들·임프린트 보물창고 | **등록** 제321-2008-00155호
주소 서울특별시 서초구 바우뫼로 124 사랑해라키비움 (우)06754 | **전화** 02-581-0334~5 | **팩스** 02-582-0648
이메일 prooni@prooni.com | **홈페이지** www.prooni.com | **인스타그램** @proonibook | **블로그** blog.naver.com/proonibook
ISBN 978-89-6170-663-6 77400

THE ADVENTURES OF A PLASTIC BOTTLE: A STORY ABOUT RECYCLING (LITTLE GREEN BOOKS) by Alison Inches illustrated by Pete Whitehead
Text copyright © Alison Inches 2009
Illustrations copyright © Pete Whitehead 2009
All rights reserved.
This Korean edition was published by Prooni Books, Inc. in 2018 by arrangement with Little Simon, an imprint of Simon & Schuster Children's Publishing Division, 1230 Avenue of the Americas, New York, NY 10020 through KCC(Korea Copyright Center Inc.), Seoul.
이 책은 (주)한국저작권센터(KCC)를 통한 저작권자와의 독점계약으로 (주)푸른책들에서 출간되었습니다.
저작권법에 의해 한국 내에서 보호를 받는 저작물이므로 무단전재와 복제를 금합니다.

＊잘못된 책은 구입한 곳에서 바꾸어 드립니다.
＊이 책 내용의 일부 또는 전부를 재사용하려면 반드시 저작권자와 (주)푸른책들 양측의 서면 동의를 얻어야 합니다.
＊보물창고는 (주)푸른책들의 유아·어린이·청소년 도서 전문 임프린트입니다.

 (주)푸른책들은 도서 판매 수익금의 일부를 초록우산 어린이재단에 기부하여 어린이들을 위한 사랑 나눔에 동참합니다.

플라스틱 병의 모험

앨리슨 인치스 글 | 피트 화이트헤드 그림 | 마술연필 옮김

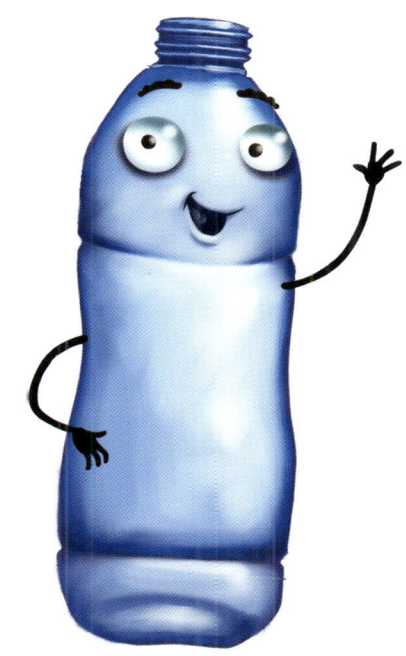

보물창고

1월 1일

내 일기장에게,
넌 네가 '뭔가 되어 가고 있는 중'이라는 느낌을 받은 적 있니?

지금 난 아주 깊은 바다 밑바닥 아래에서
그득하게 출렁거리는 원유 덩어리야.
여기 있은 지도 벌써 수천 년은 되었을걸.

언젠가 곧 기회가 찾아올 거야. 난 자동차와 비행기 연료로 쓰이는 가솔린이 되거나, 도로를 만드는 아스팔트와 타르가 될 수도 있을 거야!

위에서 뭔가 달카닥 달카닥거리면서 기계가 돌아가는 소리가 들려와. 무슨 소리인지 알아봐야겠어!

배는 일주일도 넘게 항해했어. 그리고 배가 멈췄을 때, 난 정유소라는 곳으로 흘러들어 갔지. 이제 난 나를 다른 형태로 바꾸고 깨끗하게 해 줄 기계 속으로 들어갈 거야. 가솔린·왁스·석유·플라스틱과 같이 사람들에게 편리함을 주는 형태로 곧 바뀌는 거지.

그다음엔 대체 내게 무슨 일이 생길까?
일기장아, 넌 상상할 수 있겠니?

1월 13일
내 일기장에게,
정유소는 정말 어마어마해!

빙글빙글 도는가 하면

우르릉우르릉 소리가 나고

부글부글 거품이 일어!

난 많은 변화를 겪었어. 처음엔 몸이 너무 뜨거워서 그냥 사라져 버리는가 싶었지. 그런데 난 가볍고 부연 가스로 변한 거야. 그리고 곧 냉각이 되면서 다시 묵직해지는 느낌이 들더라고. 그러기가 무섭게 온도가 올라갔고, 그 모든 과정이 계속 되풀이됐어. 내가 겪은 이 변화를 '중합 반응'이라고 해.

1월 29일

안녕, 내 일기장!
무슨 일이 있었게? 난 공장으로 보내졌어. 그리고
내 작은 조각들이 매끈하고 말랑말랑한 상태가 될
때까지 뜨겁게 달구어졌지. 아직 몸이 따뜻한 동안에
기계가 나를 틀에 넣고 눌러서 병 모양으로 만들었어.
다 식고 나니 난 예쁘고 매끈한 플라스틱 병이
되어 있었어. 믿기 힘들겠지만 진짜야!

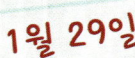

과르르르!

1월 30일
신난다, 신나! 내 일기장아!
오늘은 진짜 신나는 날이야! 병이 되는 건
정말 근사해. 난 음료수를 채우는 라인에
세워졌어. 야~호~! 나는 라인을 따라
돌기도 하고, 오르락내리락하기도 했어.
그 길을 따라가며 몸도 씻고, 살균도 했지.
그리고 내 안엔 신선한 물이 가득 채워졌어.
멋진 라벨도 붙였고 말이야!

병들은 모두 상자에 차곡차곡 담겼어.
빨리 또 다른 세상을 만나고 싶어서
난 안달이 났지. 더 많은 모험들이
날 기다리고 있는 거야!

히히!

2월 13일

안녕, 내 일기장!

오늘 나는 편의점에 도착했어. 직원은 냉장고 맨 앞줄에 나를 진열했지. 편의점 곳곳이 한눈에 들어오는 멋진 자리야. 편의점 안에는 온갖 플라스틱 용기들이 가득했는데, 그 모양과 크기가 가지각색이었어.

이 가게를 떠나면 우리가 어디로 가게 될지 난 궁금했어. 뭐, 곧 알게 되겠지만 말이야!

2월 14일
일기장아, 무슨 일이 생겼는 줄 아니? 마침내, 한 남자애가 편의점에서 나를 사서 공원 벤치로 데려갔단다. 때때로 그 자리에 앉아서 시원한 물을 마시곤 하나 봐. 햇볕을 받아 내 몸은 반짝이고, 머리 위 나무에선 새가 지저귀고 있었지. 주위엔 아름다운 꽃들이 가득했어. 얼마나 아름다운지, 난 이 시간이 끝나지 않길 바랐어!

그다음에 더 놀라운 일이 일어났다면 믿겠니? 글쎄, 아이가 무심코 나를 쓰레기통에 버리려다가 멈칫하더니, 물로 나를 헹구고 다시 물을 채우지 않겠어. 그러고는 꽃을 담아 엄마에게 선물했단다 바로 내가 밸런타인데이 선물이 된 거야! 아이 엄마는 나를 식탁 한가운데 놓아두었지. 플라스틱 병보다 근사한 건 이 세상에 없을 거야!

2월 21일

내 일기장에게,

이번 주는 정말 대단했어. 나는 편의점과 공원에서 흥미진진한 것들도 많이 보았고, 아주 멋진 꽃병이 되기도 했지. 난 모험이 끝나지 않길 바랐어. 꽃은 차츰 시들어 식물들의 비료가 될 거름 더미로 옮겨졌어. 난 이제 재활용 수거함에 있게 되었는데, 거기엔 콜라 캔·땅콩버터 병·아이스크림 통 같은 친구들이 많이 있었단다.

2월 23일
일기장에게,
난 재활용품 수거 트럭에
실렸단다.

마침내 나는
재활용 센터에 도착했어.
이곳은 각각 다른 종류의
병들과 용기들이
모두 모이는 곳이야.

나는 플라스틱 산에 와 있어.
편의점 선반에 진열돼 있던
온갖 플라스틱 용기들이 어디로
가는지, 이제야 알게 된 셈이지!
얘, 일기장아, 이 용기들이 모두 서로
다른 종류의 플라스틱이라는 걸
넌 알고 있니? 너도 한번
우리 플라스틱 용기들에 있는
분리배출 표시를 확인해 봐!

오후에 플라스틱 병들은 모두
압축기로 찌그러뜨려졌어.
그리고 차곡차곡 플라스틱 더미로
쌓여 트럭으로 옮겨졌지.

자, 또다시 간다!

3월 16일
내 일기장아, 오늘은 정말 바쁜 날이었어! 나는 플라스틱 재가공 공장에 도착했단다. 바로 내가 무언가 새로운 모습으로 태어날 곳이야!

나는 자르고, 씻고, 말리는 라인으로 보내졌어. 이제 더 이상 내 모습은 병이 아니었지!

뜨거운 열이 가해지자 나는 금세
부드럽고 말랑말랑해졌어.
그러고 나서 압출기를 통과하자
스파게티 면발처럼 가늘고 길어졌지.
그리고 조각조각 잘렸단다.
그동안 병으로 산 것도 좋았지만, 또다시
난 새로운 모험을 할 준비가 된 거야!

7월 10일
일기장아, 그동안 잘 있었니?
나는 병이었을 때보다 더 행복해질 수 있다고 생각해 본 적이 없단다.
그런데 지금 난 더 행복해! 내가 어떤 모습을 하고 있을지 맞혀 볼래?

이 모든 것들을
재활용 플라스틱으로
만든다는 걸 알고 있니?
정말 많지? 그렇지!

자, 자, 내가 뭐가 되었는지 한번 맞혀 보라니까!
글쎄, 내가 합성 섬유 훈련복이 됐지 뭐니! 보드랍고 따뜻한 옷이
재활용 플라스틱 병으로 만들어진다니, 믿기지 않겠지만 사실이란다.
맨 처음에 원유였던 나는 플라스틱 조각이 되고, 플라스틱 병이 되고,
또 꽃병이 되었다가, 마침내 훈련복이 된 거야. 우주를 향해 나아가는
우주 비행사들이 지금 나를 입고 있지.

재활용품 분리배출, 나도 잘할 수 있어요!

우리 집 재활용품 배출 담당은 누구일까요? 당연히 엄마라고요! 아니면 아빠이겠군요. 하지만 엄마, 아빠를 대신해 나도 하루쯤 재활용품 배출 담당을 맡아볼까요. 생전 처음이라면 어른들을 따라서 봐도 좋아요. 종이는 종이대로, 병은 병대로, 캔은 캔대로! 그냥 쓰레기로 버려질 뻔했던 재활용품을 하나 더 건져 내면, 나는 지구를 살리는 환경 지킴이로서 첫걸음을 뗀 거예요.

- **종이류** : 반듯하게 펴고 차곡차곡 묶어서 물기에 젖지 않도록 내놓으면, 말끔한 재생 종이가 될 수 있어요.

- **우유 팩** : 내용물을 다 비우고 물로 헹군 뒤, 잘 말려서 꾹꾹 눌러 일반 종이류와 따로 내놓아요. 이렇게 배출된 우유 팩은 두루마리 휴지나 미용 티슈로 새롭게 태어난답니다.

- **유리병** : 내용물을 비운 뒤 병 색깔별로 내놓으며, 병뚜껑은 따로 분리배출합니다. 앞면이나 옆면에 '빈 용기 재사용' 표시가 있는 유리병은 마트에서 보증금을 환불받을 수 있어요.

- **금속 캔** : 내용물을 비우고 납작하게 눌러 내놓습니다. 스프레이 용기는 구멍을 뚫어서 배출해야 폭발할 위험이 없어져요! 금속 캔은 공장에서 압축되고 녹아서 다시 깨끗한 캔이 되거나 철판·강판으로 탈바꿈하기도 해요.

- **플라스틱 병** : 내용물을 비우고 꾹꾹 눌러 내놓아요. 재질이 다른 병뚜껑과 부착 상표는 따로 분리배출해야 해요. 플라스틱 병은 신나는 모험을 거쳐 옷이나 부직포로 재탄생한답니다.

- **스티로폼** : 내용물을 비우고 상표를 제거한 뒤 이물질을 깨끗이 씻어서 내놓습니다. 스티로폼은 액자 틀·욕실 발판·건축용 합성 목재까지 다양한 제품으로 재활용돼요.

- **건전지·형광등** : 건전지와 형광등은 분리하여 별도의 수거함에 각각 내놓습니다. 일반 쓰레기로 버리면 수은과 같은 유해 물질이 환경을 오염시킬 수 있어요.

- **의류** : 옷·신발·이불 등 직물은 따로 의류 수거함에 넣어 배출합니다.

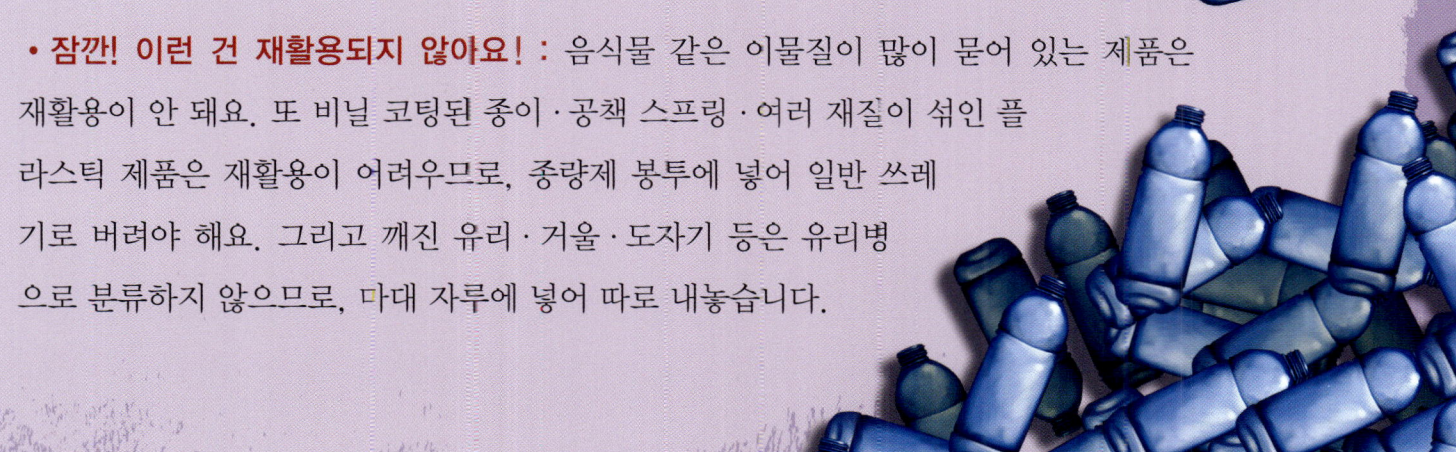

- **잠깐! 이런 건 재활용되지 않아요!** : 음식물 같은 이물질이 많이 묻어 있는 제품은 재활용이 안 돼요. 또 비닐 코팅된 종이·공책 스프링·여러 재질이 섞인 플라스틱 제품은 재활용이 어려우므로, 종량제 봉투에 넣어 일반 쓰레기로 버려야 해요. 그리고 깨진 유리·거울·도자기 등은 유리병으로 분류하지 않으므로, 마대 자루에 넣어 따로 내놓습니다.

지구를 살리는 그림책